AF405083

OBSERVATIONS PRATIQUES

## AU SUJET

# DES ENFANTS

## TRADUITS EN JUSTICE

PAR

**M. ADOLPHE GUILLOT**

JUGE D'INSTRUCTION A PARIS

( Extrait de la *Gazette des Tribunaux.* )

PARIS

ALCAN-LÉVY, IMPRIMEUR BREVETÉ

24, RUE CHAUCHAT, 24

1890

OBSERVATIONS PRATIQUES

AU SUJET

# DES ENFANTS

TRADUITS EN JUSTICE

PAR

**M. ADOLPHE GUILLOT**

JUGE D'INSTRUCTION A PARIS

PARIS

ALCAN-LÉVY, IMPRIMEUR BREVETÉ

24, RUE CHAUCHAT, 24

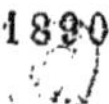

1890

# OBSERVATIONS PRATIQUES
## AU SUJET DES ENFANTS
### TRADUITS EN JUSTICE

---

Depuis quelques années les questions pénitentiaires sont à l'ordre du jour, je dirais volontiers
à la mode ; on ne compte plus les livres, les dis-
sertations, les discours, les toasts mêmes, dont
elles font le sujet ; le nombre des criminalistes
semble vouloir égaler celui des criminels, ce qui
n'est pas peu dire ; et, tandis que du Nord au
Midi on discute beaucoup sur les prisons et sur
les prisonniers, le crime ne désarme pas, la plaie
de la récidive se développe dans des proportions
que les plus optimistes sont obligés de reconnaître.

Un philosophe allemand, que l'on cite souvent
aujourd'hui, a écrit cette phrase :

Le caractère de l'homme est invariable ; comme

il a agi dans un cas, il agira encore si les mêmes circonstances se présentent ; c'est pourquoi l'honneur
véritable, une fois perdu, ne se retrouve jamais ; la
tache d'une seule action méprisable reste attachée à
l'homme et le stigmatise ; de là le proverbe : Voleur
un jour, volera toujours.

Si cette doctrine était vraie, la peine devrait
être perpétuelle ; je crois, pour ma part, que tout
homme déchu porte en lui la force de se relever ;
mais, après avoir fait, par respect pour le libre
arbitre, cette déclaration de principe, je suis
obligé de reconnaître que les chances de conver-
sion diminuent avec l'âge ; celui, qui est sorti du
monde des honnêtes gens par le fait d'une condamnation judiciaire, ne peut y rentrer que par
un effort exceptionnel.

Ce n'est pas une raison de désespérer ; mais
c'en est une pour agir avant que le mal soit trop
enraciné ; de là l'évidente nécessité de s'occuper
de l'enfance avant tout ; de même que, pour obtenir une bonne empreinte, on n'attend pas que la
cire soit durcie, il faut, dès la première faute ou
dès le premier abandon de l'enfant, le redresser
et le soutenir.

Tel est le devoir d'une justice prévoyante et
l'un des plus nobles côtés de sa mission sociale.

Ce qui me plait surtout dans des lois récentes,
se proposant de tenter la réformation des coupables en leur laissant généreusement ouverte la

porté du repentir et de la réhabilitation, c'est que j'y trouve une protestation implicite contre les désolantes théories de la fatalité atavique et de la prédestination du mal; notre siècle est plein de contradiction; il semble par moment que le matérialisme va envahir nos prétoires, puis en même temps, dans certaines de nos réformes pénales, apparaissent, comme un rayon de soleil, les idées les plus spiritualistes.

Le système de la liberté conditionnelle, celui de la suspension des peines ne reposent-ils pas avant tout sur le principe de la responsabilité et de la perfectibilité; les lois, qui affranchissent un condamné de la plus grande partie de sa peine ou qui permettent de différer son incarcération à la condition que, pendant un certain délai, il évite de commettre un nouveau délit, seraient un non-sens et une duperie, si l'homme était incapable de maîtriser ses passions, si ses actions n'étaient déterminées que par des forces extérieures lui enlevant la liberté de vouloir ou de ne pas vouloir.

On admet donc que les avertissements de la loi et les admonestations de la justice peuvent être entendus de l'homme fait; à plus forte raison l'influence d'une pénalité intelligente et rationnelle pourra-t-elle agir pendant la période de la formation. Pour régénérer l'adulte, il faut lutter contre l'anémie de la volonté, la force des habitudes, l'avilissement de la personnalité, et les légitimes défiances de l'opinion; s'il s'agit de sauver l'enfant, on a pour soi, la pitié qu'il inspire, les forces vitales de sa nature, les nobles ambitions à proposer à ses efforts.

Tout en admirant le dévouement, l'infatigable courage de ceux qui s'occupent principalement des libérés adultes des deux sexes, je crois que les mêmes efforts en faveur des enfants offrent de plus grandes chances de succès ; le meilleur moyen d'empêcher le développement de la criminalité, de diminuer le nombre des récidivistes, c'est encore d'organiser pour les enfants un système d'éducation et de répression vraiment moralisateur ; comme le rappelait justement ces jours derniers le discours d'ouverture du Congrès international de Bruxelles, c'est parmi les enfants moralement abandonnés que se recrute l'armée du crime; or il faut étouffer le mal dans sa source, non par des moyens violents, mais par la douceur et la charité.

Ce ne sera pas dans ces courtes pages que j'essaierai de traiter les problèmes si graves, si complexes, qui s'agitent souvent, avec trop de passion et de parti pris, autour de ces pauvres êtres, vers lesquels on se sent si puissamment attiré, et dont la vue seule est si bien faite pour émouvoir le cœur.

Je veux me borner aujourd'hui à fournir la modeste contribution de quelques indications pratiques sur des expériences de procédure tentées en ce moment à Paris, grâce à l'appui que

M. le procureur de la République Banaston a bien voulu prêter aux propositions qui lui ont été soumises. Ces essais réussiront d'autant mieux que l'opinion, sans laquelle rien ne peut se faire, s'y intéressera davantage ; et, comme la presse est l'instrument le plus actif et le plus puissant de propagande, la *Gazette des Tribunaux*, en accueillant cette fois encore l'expression de mes vœux, appellera, mieux que mes seules forces, l'attention du public sur la cause si sympathique des enfants traduits en justice.

Parmi les questions débattues, au mois de juillet 1890, au Congrès pénitentiaire de Russie, figuraient celles-ci :

Par quelle autorité doit-il être statué sur le sort des enfants coupables de fautes ou infractions ?

Et sur quels éléments et d'après quels principes doit-il être décidé si ces fautes ou infractions doivent entraîner :

*a)* Soit une condamnation pénale ou l'incarcération dans un établissement pénitentiaire proprement dit ;

*b)* Soit le placement dans un établissement de correction spécial pour l'enfant vicieux ou indiscipliné ;

*c)* Soit l'envoi dans un établissement d'éducation destiné aux pupilles placés sous la tutelle de l'autorité publique ?

L'âge des enfants doit-il être le seul élément à con-

sidérer pour opérer ce partage et déterminer les décisions, et dans quelles conditions le serait-il ? (1).

Le Congrès ne se prononça pas ; il réserva les
questions en raison de la diversité des opinions à
débattre et de la complexité des solutions qu'elles
pouvaient impliquer.

Pendant que les conclusions restaient ainsi en
suspens à Saint-Pétersbourg, une réforme considérable dans la procédure concernant les enfants
s'accomplissait à Paris, par une heureuse entente de la magistrature et de l'initiative privée.
Elle consistait à substituer aux formalités trop
expéditives de la loi sur les flagrants délits,
les garanties de l'instruction de droit commun ;
c'était, à propos d'une question de simple procédure en apparence, la consécration de ce principe que la justice, chargée d'exercer sur l'enfant une action plus tutélaire que répressive, lui
doit le summum des garanties judiciaires et ses
instruments les plus perfectionnés.

C'était le fameux précepte : *Maxima debetur
puero reverentia,* appliqué aux œuvres de justice. Aux yeux du maître appelé à former son in-
telligence, et du magistrat chargé de réprimer
ses premières fautes, il faut que l'enfant appa-

---

(1) Rapport de M. Herbette, directeur de l'administration pénitentiaire, sur le Congrès de Saint-
Pétersbourg. (*Gazette des Tribunaux* du 14 septembre
1890. )

raisse avec une sorte de caractère sacré ; les leçons qu'il reçoit, soit de l'école, soit de la justice, doivent tendre toujours à développer le sentiment de ses devoirs et de sa dignité.

En même temps, dans le Palais de Justice, une réunion, provoquée d'abord par le zèle bien connu du secrétaire général de l'Œuvre du Sauvetage de l'enfance, M. Rollet, avocat à la Cour d'Appel, se constituait définitivement et d'une façon régulière, avec l'approbation du Ministre de la justice, et sous la présidence de M. le Bâtonnier de l'ordre des avocats. Elle prenait le titre de *Comité de défense de l'enfance poursuivie devant les tribunaux*, et, dans sa séance du 17 juillet 1890, formulait les vœux et adoptait les conclusions suivantes :

1° Convaincu que la procédure des flagrants délits ne convient pas aux affaires concernant les mineurs de seize ans et qu'il faut la remplacer par une enquête approfondie portant sur l'enfant aussi bien que sur sa famille, le Comité exprime le désir que des circulaires soient adressées aux magistrats et aux commissaires de police, tant à Paris qu'en province, afin d'adopter une procédure uniforme et d'assurer le fonctionnement rapide et régulier de ses informations.

2° Le Comité est d'avis que des mesures spciales de répression doivent être prises à l'égard des vagabonds de moins de seize ans depuis que la loi du 25 mars 1885 a aboli la surveillance de la haute police pour la remplacer par l'interdiction de séjour ; il es-

time aussi qu'il y a lieu d'appeler l'attention du législateur sur la question de savoir si la possibilité de
l'envoi en correction jusqu'à vingt et un ans justifie
une détention préventive de plus de cinq jours quand
le délit est puni de moins de deux ans.

3° Il importe à la moralité de l'enfant que les lieux
de dépôt et de détention actuels soient remplacés par
des établissements d'un caractère hospitalier où l'enfant pourra attendre sans dommage la clôture de
l'instruction ou les décisions de la justice.

4° Le Comité a enfin approuvé le principe d'un bureau central judiciaire ayant pour but de faciliter le
placement des enfants en centralisant les renseignements sur les œuvres de bienfaisance, et a nommé
un sous comité présidé par M. Félix Voisin, conseil-
ler à la Cour de Cassation, pour étudier les moyens
d'organiser ce bureau (1).

Les résolutions, votées par cette assemblée,
composée d'hommes d'expérience et de pratique, ont donc donné pleinement raison au système adopté au Tribunal de la Seine. Ce sont là
des actes et non des discours ; c'est une marche
en avant ne s'attardant pas aux lenteurs de l'intervention législative, tirant le meilleur parti possible des lois existantes, se dégageant de la rou-
tine, cherchant enfin son point d'appui dans
l'initiative privée, et se proposant d'utiliser tous
les concours.

---

(1) *Gazette des Tribunaux,* 18 juillet 1890.

Il est à souhaiter que ce mouvement s'étende ; c'est pour cette raison, qu'ayant été quelque peu mêlé à la réforme qui vient de s'accomplir, je pense qu'il peut être utile de signaler les côtés pratiques des vœux exprimés par le Comité, et d'exposer, dans ses grandes lignes au moins, la méthode d'instruction actuellement suivie à Paris.

Je me propose donc d'examiner successivement les questions les plus importantes soulevées et souvent tranchées par le nouveau régime, dont le résultat immédiat a été de substituer, dans bien des cas, l'assistance publique et privée à la pénalité, l'établissement hospitalier ou d'éducation à la maison de correction.

## I

Il convient d'abord de mettre au-dessus de toute contestation le principe que la procédure des flagrants délits ne convient en aucune façon aux affaires concernant les enfants.

Tout le monde sait qu'en 1863 une loi, dite des flagrants délits, d'importation anglaise et d'apparence libérale, vint, sous le prétexte séduisant d'abréger la détention préventive, remplacer, pour les petites affaires, les formes ordinaires de l'instruction criminelle par une procédure sommaire, et qu'un service spécial sous le titre de *Petit Parquet*, par opposition à la *Grande Instruction*, fut organisé pour l'application de cette loi et a toujours fonctionné depuis.

Je n'ai jamais été très grand admirateur de cette législation ; aucune ne prête davantage aux erreurs soit sur la culpabilité des prévenus, soit sur leur identité ; et, pour qu'on ne puisse me reprocher d'exprimer cette opinion pour les besoins de la cause que je soutiens, je me permettrai de rappeler que je disais, dès 1886, à propos du projet de révision du Code d'instruction criminelle :

La justice doit être également scrupuleuse pour tous ; les erreurs judiciaires ne sont jamais tant à redouter que dans cette procédure accélérée où ne se rencontre même pas l'action tutélaire et modérative du magistrat instructeur ; c'est peut être à cette foule sans cesse renouvelée, que peuvent se trouver le plus facilement mêlés des innocents, des malheureux qui méritent plus de compassion que de sévérité ; souvent l'inculpé, s'il était conseillé, s'il avait un avocat, réclamerait une instruction qui pourrait le sauver, au lieu de consentir à être traduit tout de suite devant le Tribunal où sa condamnation est presque fatalement assurée, et où il semble que l'idéal soit de consacrer le moins de temps possible à l'examen des affaires.

Etre jugé vite, c'est assurément un avantage, mais être bien jugé, vaut mieux encore.

Sous le régime du projet de loi nouveau, disait M. Ernest Picard au Corps législatif, en répondant à l'apologie un peu trop absolue qu'en faisait le commissaire du gouvernement, l'inculpé n'aura sous les yeux aucun élément de procédure écrite ; le délit flagrant dont il aura à se défendre, il le saisira mal, surpris qu'il sera par l'arrestation, ignorant peut-être ses moyens de défense, les délais auxquels il a droit ; n'a-t-on pas vu des gens acquittés ou condamnés sans l'avoir compris, autrement que par la liberté qu'on leur rend, ou le gendarme qui les emmène ?

Je sais bien que la conscience des magistrats s'efforce de prévenir ce danger, et je ne veux point dire que la loi de 1863 n'ait pas rendu des services en accélérant la marche des procédures pour les petits délits parfaitement avérés, en facilitant le travail de nettoyage qu'opère dans les rues le coup de balai quotidien de la Préfecture de police ; mais je crois qu'elle n'aurait pas du être appliquée d'une façon habituelle aux enfants. L'avenir d'un grand nombre d'entre eux a été perdu peut-être par des jugements rendus avec trop de précipitation sur des renseignements incomplets.

Si la loi sur les flagrants délits diminue les garanties de la défense au préjudice des inculpés ordinaires, elle offre encore plus d'inconvénients quand il s'agit d'enfants incapables de comprendre leur situation, de faire entendre la moindre réclamation, de renseigner le Tribunal sur le milieu dans lequel ils se trouvent. Une telle loi n'est pas faite pour les affaires où de graves intérêts sont en jeu ; or, est-il quelque chose de plus grave que les mesures d'où dépend toute la destinée d'un enfant, et faut-il abandonner un jugement de cette importance aux incidents et aux impressions de l'audience?

Ouvrez un dossier du Petit Parquet ; qu'y trouvez vous ? un procès-verbal d'arrestation, une

feuille d'interrogatoire contenant simplemeni l'in-
culpation, et, en général, pour loute réponse, ces
seuls mots : « je le reconnais ou je le nie ; » quelques lignes de renseignements recueillis, comme
on sait, par un agent de la Sûreté, auprès des
concierges ou des logeurs ; des pièces de forme et
c'est tout ; et les juges de l'audience, devant lesquels l'enfant est ensuite  amené dans la foule des
malfaiteurs, n'ont pas d'autres éléments d'infor-
mation.

Le mode de procéder n'est évidemment pas en
rapport avec les efforts tentés de tous côtés en faveur des enfants poursuivis par la justice ; et,
lorsque souvent à l'audience les représentants des
œuvres de bienfaisance viennent réclamer des
enfants ou demander la remise des affaires, afin
d'éclairer le Tribunal et de lui fournir par leurs
recherches personnelles les renseignements ab-
sents du dossier, ils semblent, aux yeux du public,
se substituer à l'action naturelle de la justice et
lui rappeler, par l'exemple de leur charité, que
c'est à elle à accomplir cette œuvre et qu'il n'en
n'est aucune qui soit plus digne de sa sollicitude,

Si le Tribunal correctionnel n'était autre chose
que le seuil de la maison de correction, si la com-
parution de l'enfant devant lui n'était qu'une simple formalité, autant vaudrait supprimer l'apparence même d'une instruction préparatoire ; mais
le Tribunal a le choix entre diverses mesures : il
peut, à son gré, acquitter l'enfant, le remettre à

ses parents, le condamner à la prison, l'envoyer
en correction. Or, comment résoudre des questions aussi délicates, qui laissent l'esprit bien
perplexe, même quand le temps de la réflexion
ne manque pas, si l'on n'a point sous les yeux
tous les éléments d'une délibération réfléchie?

Je sais bien que la mise à l'instruction ordinaire de toutes les affaires d'enfants exige un
grand effort de la part des magistrats, leur impose un excédent de travail considérable et ap-
porte un certain trouble dans les habitudes des
greffes du Parquet et des bureaux de la Préfec--
ture de police ; ce sont là des considérations se-
condaires. Ce qu'on a pu faire à Paris avec de la
bonne volonté, on le fera plus facilement encore
en province, où les services sont moins chargés
et où la loi des flagrants délits est plus rarement
appliquée.

L'intérêt de l'enfant, la tendance heureuse, qui
se manifeste de plus en plus, à donner un caractère tutélaire à l'action de la justice à son égard,
imposent donc l'obligation de renoncer au système des procédures par trop expéditives. L'enfant, timide, inexpérimenté, terrifié par son arrestation, abandonné par ses parents, inquiet du
sort qui l'attend—car on ne saurait appliquer à ce
petit citoyen de moins de seize ans cette fiction juri-
dique,que nul n'est censé ignorer la loi—l'enfant,
plus que tout autre inculpé, a besoin d'être protégé par la plus complète et la plus minutieuse

des enquêtes ; non certes par ce qu'il est un grand criminel, mais par ce qu'il est un malheureux, digne de pitié. Il a droit à cette enquête, non seulement quand il a été arrêté plusieurs fois, mais dès sa première arrestation ; je dirais même surtout à ce moment : le salut est encore possible, l'habitude du mal n'est pas prise, et c'est en appliquant le remède à temps qu'on peut avoir l'espoir d'en tirer quelque profit.

Si j'insiste autant sur les inconvénients de la loi de 1863, alors qu'ils ne semblent plus contestés, c'est que je voudrais voir la méthode nouvelle se consolider et se généraliser. Si le régime récemment adopté à Paris est bon, il faut le rendre durable ; dans l'état actuel de notre législation, la loi n'impose pas l'emploi de la procédure du flagrant délit, mais elle ne le défend pas ; le choix appartient aux chefs des Parquets, maîtres de l'action publique. L'un ne voudra réserver qu'aux criminels de marque les honneurs de la grande instruction, tel autre au contraire pensera que rien ne demande plus de soin, de prudence, que ces affaires d'enfants où la loi donne à la justice un droit même sur les irresponsables ; c'est ainsi que, suivant les opinions de chacun, les systèmes succèderont aux systèmes, sans tradition, sans unité de vue, et que les enfants seront plus ou moins protégés, selon qu'ils seront arrêtés dans un arrondissement plutôt que dans un autre. Les circulaires elles-mêmes n'ont qu'une autorité passagère ; aussi, peut-on souhaiter que la loi détermine d'une façon permanente et uniforme le mode de procédure applicable aux enfants.

Une occasion toute naturelle peut se présenter bientôt ; la Chambre ne peut tarder à voter enfin cette revision du Code d'instruction criminelle, qui depuis 1878 a figuré si souvent à son ordre du jour. Le projet, reproduisant au chapitre des flagrants délits les dispositions de la loi de 1863, dispose, pour bien marquer que cette loi ne convient pas aux affaires importantes, qu'elle n'est point applicable aux délits de presse, aux délits politiques, ni aux matières dont la procédure est réglée par des lois spéciales ; il suffirait d'ajouter, pour répondre à nos vœux : « ni aux délits commis par les mineurs de moins de seize ans ».

Souhaitons, dans l'intérêt des enfants et des œuvres qui rivalisent de dévouement pour coopérer à leur sauvetage, que le zèle qui soutient la réforme, dont le Tribunal de la Seine vient de prendre l'initiative, ne se ralentisse pas, soit encouragé, et s'étende dans toute la France.

## II

Le principe une fois admis qu'entre les deux procédures que la loi actuelle laisse au choix discrétionnaire du ministère public, la procédure de la *Grande instruction* que j'appellerai de première classe et la procédure des *Flagrants délits*, qui est, pour ainsi dire, de seconde classe; il faut choisir la première pour l'enfant, parce que rien au monde n'est plus digne de protection ; il reste à rechercher de quelles considérations le juge doit s'inspirer pour diriger utilement cette instruction. N'étant plus renfermé dans les délais trop étroits de la loi de 1863, il pourra prolonger la détention préventive aussi longtemps que l'exigera l'intérêt de l'enfant placé, je ne dirai pas sous son pouvoir, mais plutôt sous sa compatissante protection, et donner à l'enquête toute l'ampleur nécessaire.

Quoi de plus simple, dira-t-on, que ce genre d'instructions ? ce ne sont pas des affaires ; le plus souvent il n'y a rien à rechercher ; le fait est patent, avoué ; ce n'est pas comme lorsqu'il s'agit de démêler les fils d'une intrigue ténébreuse ou de démasquer les perfidies romanesques de quel-

que abominable scélérat ; il n'est pas besoin de se
donner tant de peine pour ces petits drôles des-
tinés au mal ; il faut s'en débarrasser au plus vite
en les rendant à leurs parents ou en les envoyant
en correction ; la justice attendra, pour leur consacrer de longues audiences, qu'ils aient accom-
pli leur évolution, et que du petit délit ils aient
passé au crime. Aucun magistrat, assurément, ne
saurait raisonner de la sorte. Si l'instruction concernant les enfants était ainsi comprise, on ver-
rait reparaître sous une autre forme tous les inconvénients de la procédure expéditive des
flagrants délits ; sans doute, au point de vue des
difficultés de la preuve, il n'y a aucune ressem-
blance entre les affaires ordinaires et celles qui
concernent les enfants ; mais, au point de vue moral, existe-t-il pour le juge un pouvoir plus grand,
plus lourd à exercer que celui d'enlever un enfant
à ses parents, bien souvent malgré leurs suppli-
cations, et de le mettre, pendant les années de sa
jeunesse, sous le joug du régime pénitentiaire ? et
puis la responsabilité sociale, en pareille matière,
n'apparaît-elle pas d'une façon plus saisissante
encore, si l'on songe qu'il est presque sans exemple qu'un homme, devenu un grand criminel,
n'ait pas, étant enfant, comparu devant la justice ;
de façon qu'on peut se demander si c'est l'enfant
qui a été rebelle aux leçons ou si c'est la société
qui a été inhabile à les lui donner.

Toute arrestation d'enfant impose donc un

grand devoir envers lui, et c'est, par une enquête très approfondie, destinée à éclairer la route à suivre, que doit commencer l'œuvre de son sauvetage.

Cette enquête doit porter sur l'enfant, sur le milieu, sur le traitement à suivre.

Le fait matériel, en général, n'offre pas de gravité en lui-même ; qu'ont-ils fait, ces pauvres enfants? ils ont mendié ; ils ont couché à la belle étoile ou sous les froides arcades des ponts, ils ont volé des friandises aux étalages ; ce ne sont pas de grands forfaits, assurément, mais, c'est trop souvent la première étape du crime. L'heure du châtiment n'est pas encore arrivée, celle de la correction est déjà venue ; si le juge s'arrêtait à la surface, il hausserait les épaules en disant : « ce n'est rien » ; s'il pénètre dans les dessous, comme le médecin auquel l'auscultation révèle les désordres intérieurs, il dit : « c'est beaucoup, » et s'étonne que le mal ait déjà fait tant de ravages.

Par un interrogatoire conduit selon les règles d'une analyse rationnelle, le juge doit se livrer à cette sorte d'exploration. Cet interrogatoire est l'acte primordial et capital de l'instruction ; il faut qu'il soit assez complet, assez détaillé, pour que le Tribunal, dont les instants sont comptés, puisse, par sa lecture, bien saisir la physionomie morale de l'enfant. Le fait matériel étant presque toujours constaté d'une façon certaine par le procès-verbal, le juge n'a pas à s'attarder beaucoup pour obtenir des aveux ; mais il faut que l'enfant, ayant à répondre à des questions faites avec douceur et où il devine facilement les sentiments de bienveillance qui les inspirent, se laisse gagner par la confiance et se montre tel qu'il est, dans toute la réalité de ses bons et de ses mauvais instincts. Les mesures à prendre à l'égard de l'enfant étant de différente nature, selon qu'il a agi avec ou sans discernement, c'est la question de discernement qu'il faut éclaircir avant tout. Or, il n'en est pas de plus délicate ; la loi convie le juge à une œuvre d'ordre psychologique pour laquelle il ne saurait trop faire appel à toutes les ressources de son expérience, d'autant plus que la partie à laquelle il a à faire n'est pas aussi faible qu'on pourrait le supposer et que certains enfants, à la face rose et aux yeux limpides, pratiquent le mensonge avec un art consommé.

Avec un peu de patience on vient à bout de ces obstacles et l'on arrive à savoir si la faute a été accidentelle ou habituelle, s'il faut l'attribuer à un entraînement, aux mauvais exemples, ou aux instincts personnels de l'enfant ; s'il a agi par irréflexion, ou si, au contraire, sachant qu'il faisait mal, il s'est préoccupé avant tout de ne pas être vu ; si dans son repentir, qui serait toujours immense à en juger par l'abondance de ses larmes, l'ennui d'être arrêté et la crainte de la correction ne figurent pas dans une proportion beaucoup plus considérable que le trouble de la conscience. On arrive ainsi, non seulement à remonter à la cause première de la faute, mais à appeler l'attention de l'enfant sur lui-même et à lui suggérer des réflexions, dont il n'avait même jamais entendu parler et qui ouvrent à son esprit des aperçus nouveaux ; on ne s'imagine pas à quel point des enfants, même parmi les plus grossiers et les plus ignorants, arrivent, surtout après quelques jours de détention, à voir clair dans leur conscience.

J'ai voulu faire sur ce point une expérience qui a pleinement réussi et que je me permettrai de recommander à ceux que ces questions intéressent

Je fais remettre à chaque enfant, sachant écrire, un questionnaire imprimé ainsi conçu :

L'enfant X... devra répondre aussi longuement que possible et en prenant tout son temps, aux questions suivantes : 1° Raconter l'histoire de sa vie ? 2° dans quelle école a-t-il été instruit ? 3° quelle est sa religion ? 4ª (s'il s'agit d'un mendiant ou d'un vagabond), pour quel motif a-t-il quitté ses parents ; quel plaisir trouve-t-il à vagabonder ; n'aimerait-il pas mieux gagner de l'argent en travaillant qu'en mendiant ? 5° (s'il s'agit d'un voleur), pour quel motif a-t-il volé ? ne savait-il pas que le vol est une mauvaise action, et que les voleurs sont mis en prison ? 6° s'il n'avait pas été pris, qu'aurait-il fait des objets qu'il a volés ? 7° pour se corriger de ses défauts, ne désire-t-il pas être placé ou mis en correction, et dans quelle maison voudrait-il être placé ? 8ᵉ quel état veut-il apprendre, et pour quelle raison le préfère-t-il à un autre ?

Je sortirais des limites que je me suis tracées si je voulais analyser ici les très curieuses et très touchantes réponses que j'ai reçues en grand nombre ; j'ai trouvé un réel profit à les lire, et je me suis souvent félicité d'avoir employé ce moyen, tout à la fois d'éclairer mon jugement et d'amener l'enfant à se juger lui-même.

L'interrogatoire, sous ces différentes formes, demande souvent à être complété par des confrontations.

Lorsque plusieurs enfants sont impliqués dans une même affaire, ce qui est très fréquent, l'entraînement par le mauvais exemple, étant neuf fois sur dix, la cause des délits de l'enfance, ils ont tendance à s'accuser les uns les autres ou à mettre tout sur le compte de celui, dont les précédentes arrestations rendent la culpabilité vraisemblable ; c'est le bouc émissaire ; bien souvent, celui qui joue ce rôle est d'accord avec ceux qui, dans l'intérêt commun, le lui font jouer. Ces mensonges et ces combinaisons résistent rarement à une confrontation où les caractères de chacun finissent par apparaître sous leur véritable jour et où l'on découvre que le plus perverti n'est pas toujours celui qui a commis l'acte matériel.

A l'enquête sur l'enfant doit succéder l'enquête sur la famille, sur le milieu; c'est là qu'il faut aussi chercher dans la plupart des cas le principe du mal, c'est là qu'il faut prévenir les occasions de rechute. Cette enquête, forcément écourtée sous le régime des flagrants délits, est devenue encore plus importante depuis que les Tribunaux sont armés, par la loi du 24 juillet 1889, du redoutable pouvoir de prononcer contre des parents indignes la déchéance de l'autorité paternelle. Faites avec soin, à Paris, par les commissaires de police des quartiers ; en province, par les juges de paix, les maires, la gendarmerie ; contrôlées par les magistrats, ces enquêtes, peuvent assurer le salut de pauvres enfants, en révélant le péril auquel les exposent dans leur âme et dans leur corps l'immoralité et la méchanceté de leurs parents.

Elles ne doivent pas consister dans un simple rapport, se contentant d'énoncer, sans preuve à l'appui, des rumeurs de quartier ou des appréciations de concierges, mais dans des témoignages précis et recueillis dans la forme régulière. Le Comité de défense de l'enfance devant les Tribunaux, dont fait partie M. le Préfet de police, avait exprimé le vœu, ainsi que je l'ai rappelé plus haut, que des circulaires fussent adressées aux officiers de police judiciaire, afin d'assurer l'exécution rapide et régulière de ces informations ; en attendant, une formule de commission rogatoire a été adoptée au Tribunal de la Seine. Il suffira d'en rapporter les termes pour bien faire saisir le caractère des instructions données aux commissaires de police, qui, de leur côté, se sont associés avec beaucoup de zèle, malgré le surcroît de travail qui leur est ainsi demandé, à l'œuvre de moralisation entreprise par la justice.

Ces commissions sont ainsi conçues :

Vu la procédure en instruction suivie contre X... ;

Attendu qu'il importe de rechercher quelle est la cause de l'inconduite de cet enfant, si elle ne résulte pas, soit de la mauvaise éducation qu'il aurait reçue, soit de l'indifférence ou du défaut de surveillance des parents, soit des mauvaises fréquentations d'enfant ;

Attendu qu'il y a lieu de procéder à une enquête minutieuse à l'effet de fournir au Tribunal le moyen d'apprécier quel est le meilleur mode de correction à employer, si l'enfant doit être envoyé en correction, s'il peut être, sans inconvénient, rendu à ses parents, ou si ceux-ci paraissent indignes d'exercer l'autorité paternelle ;

Commettons M. le commissaire de police du quartier de... à l'effet de procéder à ladite enquête et d'entendre tous témoins etc...

A cette commission rogatoire est jointe un bulletin de renseignements à remplir sur les indications des parents et contenant les questions suivantes :

Nom, prénoms, âge, profession, lieu de naissance et domicile actuel des parents ;

Sont-ils mariés ou en concubinage ?

Nombre et âge des enfants ;

Y en a-t-il eu déjà d'abandonnés, vivant en concubinage, condamnés ?

Condamnations antérieures des parents ;

Gain du mari et de la femme ;

Ressources autres que le gain de la famille, dettes, secours ;

Montant du loyer, en garni ou dans ses meubles.

Les parents travaillent-ils chez eux ou au dehors ? de quelle heure à quelle heure? comment les enfants sont-ils surveillés en leur absence ?

Epoque d'arrivée de la famille à Paris; motif de son départ du pays d'origine; possède-t-elle encore du bien et des parents proches dans le pays natal?

L'enfant est-il légitime, naturel, reconnu ?

Indication complète, en remontant à un an au moins avant l'arrestation de l'enfant, des domiciles occupés, des écoles suivies et des patrons.

Degré d'instruction de l'enfant. A-t-il son certificat d'étude ?

Appartient-il à un culte? A-t-il été élevé dans son culte ?

A-t-il déjà été arrêté ?

A quel état le destine-t-on ?

Les parents désirent-ils : 1° qu'il leur soit rendu ; 2° qu'il soit mis en correction ; 3° qu'il soit placé dans un établissement public ou privé jusqu'à vingt-un ans ; 4° qu'il soit confié à l'Assistance publique ?

Les parents peuvent-ils payer une pension mensuelle, et de combien ?

En cas de placement, ont-ils le désir de rester en rapport avec l'enfant ou de l'abandonner complètement ?

Peuvent-ils indiquer des personnes charitables en état de s'occuper de l'enfant et de le patronner ?

Lorsque le magistrat est en possession de ces divers renseignements, vérifiés et complétés au besoin par des témoignages, il peut déjà se rendre compte de la situation morale, matérielle et sociale de la famille ; c'est alors qu'il est en mesure de procéder, d'une façon vraiment utile, au dernier acte de l'instruction, l'audition des parents, je dirais volontiers leur interrogatoire ; car combien de fois ne sont-ils pas les vrais coupables ?

Cet interrogatoire est certainement un des actes les plus intéressants des instructions de ce genre ; c'est seulement à la condition de bien connaître les parents, d'être parfaitement fixé sur leur moralité, en même temps que sur la possibilité où ils peuvent être de surveiller un enfant indocile et enclin au mal, que le juge peut apprécier s'il ne vaut pas encore mieux envoyer l'enfant en correction que de le replacer dans un milieu où sa chute définitive est presque inévitable.

Rien ne prépare mieux une solution favorable à l'intérêt bien compris du jeune inculpé, que ces entretiens, dans lesquels le juge d'instruction se concerte avec les parents ; leur adresse au besoin de nécessaires remontrances ; les avertit, qu'en exerçant mal leur autorité, ils peuvent s'exposer à en être dépouilllés ; leur signale parmi les causes des fautes commises par leurs enfants, celles qui viennent de la mauvaise éducation qu'ils ont pu leur donner ; leur démontre par le raisonnement et par des arguments tirés de leur propre intérêt, l'utilité de se prêter à des mesures de placement ou de correction, et les met, le cas échéant, en rapport avec les œuvres répondant le mieux à la situation de leur enfant. Dans le cabinet du juge, les choses s'expliquent, se comprennent mieux qu'en audience publique ; et, tandis que ces pauvres gens, rendus moins défiants, comprendront que la justice veut leur bien, le Tribunal, s'il y a un renvoi en police correctionnelle, ne sera pas exposé à prendre une décision contraire aux intérêts de l'enfant ; car, selon que sa situation morale aura été bien ou mal appréciée, il retournera à ses vices, ou, soutenu par une main secourable, il s'élèvera peut-être à la vie honnête.

## III

L'enquête doit porter en dernier lieu sur la nature du traitement à appliquer. Si on ne le demandait qu'au Code pénal, il serait insuffisant et souvent pire que le mal ; de là pour le juge la nécessité de chercher ailleurs, de se remuer, de s'ingénier, de faire appel à la charité privée, de l'intéresser aux infortunes dont il est le témoin et pour lesquelles elle a d'intarissables ressources.

Ceux qui donnent se font souvent une imparfaite idée des misères pour lesquelles on les sollicite ; ceux qui les voient de près, non pas en imagination, mais en réalité, non par les yeux des autres, mais par eux-mêmes, ceux qui de leurs propres mains remuent ces haillons et touchent ces plaies mesurent mieux l'étendue du mal et l'insuffisance du remède. Aussi, autant les portes des chambres d'instruction doivent-elles rester closes devant ceux qui ne veulent les franchir que pour satisfaire la curiosité frivole des foules, autant il convient, à mon avis du moins, de les ouvrir largement à ceux qui, dirigés par des sentiments élevés, se proposent de contribuer au sauvetage des enfants et de stimuler l'opinion en leur faveur. Que de fois des personnes dont le cœur ne demandait qu'à être touché, mais auxquelles ont n'avait jamais fourni l'occasion de s'approcher de ceux qui souffrent, n'étaient-elles pas douloureusement surprises, émues jusqu'aux larmes, profondément bouleversées, en assistant pendant quelques heures seulement au défilé d'enfants qui, du matin au soir, du premier au dernier jour de l'année, se continue devant le juge. Le plus souvent, ces attendrissements n'étaient pas stériles, et le lendemain, grâce à cette infraction, bien excusable, je l'espère, au secret de l'instruction, les enfants comptaient un bienfaiteur de plus.

Supposons qu'au lieu de comparaître devant un magistrat, plus puissamment armé pour châtier que pour secourir, l'enfant soit traduit devant une sorte de jury sans cesse renouvelé et composé de personnes charitables et disposant de ressources abondantes, les maisons de correction seraient bientôt désertes et l'enfant trouverait presque toujours un protecteur : *non relinquam vos orphanos*. Je veux bien qu'il n'en puisse être ainsi ; mais au moins faut-il que le juge, au lieu de tout attendre de l'intervention de l'Etat, devienne en quelque sorte le trait d'union entre la misère de l'enfant et la féconde initiative de la charité privée.

Les occasions de faire appel à cette charité ne lui manqueront pas. La première chose qui le

frappe quand pour la première fois il est chargé
de ce service, c'est l'insuffisance de l'organisation
administrative sur certains points.

Ainsi où met-on l'enfant, dès qu'il est arrêté,
sans faire de distinction entre le coupable et l'a-
bandonné ? en province, c'est la prison, où il n'y
a même pas une chambre pour l'isoler ; à Paris,
c'est, avant la Petite Roquette, le Dépôt que le
Conseil municipal laisse subsister, bien qu'il
soit, de l'aveu de tout le monde, un foyer de corruption. Ce serait se répéter inutilement que de
décrire ce triste lieu ; personne n'ignore que les
enfants, malgré l'intelligente bonne volonté d'un
excellent directeur, y sont entassés les uns sur les
autres, et qu'ils trouvent dans ce contact, sans la
moindre sélection, l'occasion de se pervertir complètement, de même que, si pour purifier leur
corps, on le plongeait dans un cloaque.

Qui donc fournira à la Justice, qui déplore cet
état de choses, un asile temporaire, d'un caractère hospitalier, où pendant la période de l'instruc
tion, elle pourrait abriter les enfants en attendant
qu'on leur trouve un placement définitif ? L'œuvre
du Sauvetage a eu le mérite d'établir un asile de
ce genre dans une des vieilles maisons de la place
Dauphine, mais jusqu'à présent les ressources
sont restées fort au-dessous des besoins : il n'y a
que douze lits réservés aux enfants de moins
de treize ans. Or, le nombre des enfants arrêtés,
pour ne parler que de Paris, s'élève à plus de

cinq cents par mois; d'ailleurs il faut que ces asiles soient très largement installés sous le rapport de l'hygiène et de la moralité, sans quoi on y retrouverait les mêmes inconvénients qu'au Dépôt, aggravés par les facilités d'évasion. La fondation de ces maisons hospitalières, pouvant supprimer en grande partie les inconvénients de la détention préventive pour les enfants, serait une œuvre essentiellement pratique, et je voudrais que cette idée, trouvant de puissants patrons, tentât quelque généreux philanthrope.

Une autre misère vient encore, dès le début de l'instruction, attrister le magistrat; les enfants, que la police lui amène, sont souvent presque nus, sans chemise, sans chaussures; on voit apparaître à travers les vastes déchirures de la veste et du pantalon la peau gercée par tous les vents. Si plus tard l'enfant est l'objet d'une ordonnance de non-lieu, lui donnera-t-on, au moins, les vêtements les plus indispensables? pas le moins du monde; on le remettra dans la rue avec ses souliers prenant l'eau de toute part, avec ses chausses percées et ses vêtements en lambeaux; c'est ainsi que pendant tout le cours de l'instruction les jeunes détenus sortent de la Petite-Roquette pour venir au Palais de Justice.

Ce serait encore une bonne œuvre à créer que celle que j'appellerais volontiers le *Vestiaire des enfants acquittés*; avec quelques milliers de francs par an on s'en tirerait; le soir, autour de la table de famille, les jeunes filles, pour lesquelles la vie n'a que des joies, se diraient, en cousant de petites robes : « C'est pour nos pauvres sœurs de la Conciergerie ». Ce ne serait pas plus difficile que cela ; n'est-ce pas une semence à confier au sillon de la bienfaisance ? un vent favorable la portera peut-être dans une bonne terre, il y en a tant en France, et la fera fructifier.

Mais il faudrait écrire un gros volume pour énumérer tous les *desiderata* auxquels le juge voudrait pourvoir ; il ne peut trop s'y attarder ; le temps le presse, l'enfant souffre dans sa cellule ; il faut se hâter de le rendre à ses parents, de le placer ou de le faire passer en jugement.

Il est bien évident qu'avec le système des informations complètes on ne peut terminer une instruction en quarante-huit heures, à Paris surtout avec l'encombrement des affaires (1). Il ne faut pas compter moins de trois semaines, et encore faudrait-il pour cela que le juge fût bien secondé, qu'il eût un employé en outre de son greffier, que tous les auxiliaires que lui donne le Code d'instruction criminelle fussent animés du même zèle, et que la Préfecture de police (2) ne lui refusât pas, comme cela est arrivé fort mal à propos

---

(1) La moyenne des affaires d'enfants, distribuées à un seul cabinet, s'élevait, en juin, juillet et août derniers, à 140.

(2) *Gazette des Tribunaux*, 24 juillet 1890 (*La Magistrature et la Police judiciaire*).

au moment où on tentait ce grand effort en faveur des enfants, le concours naturel et nécessaire du service de sûreté, quand il s'agit, par exemple, d'extraire des enfants pour parcourir la ville avec eux afin de retrouver leur domicile ou de vérifier, sur leurs indications, un fait pouvant les justifier.

La première question à résoudre par le juge est celle-ci : l'enfant peut-il, sans inconvénient, être rendu à ses parents ? quelle responsabilité ! Si on le rend trop facilement, il se fera arrêter peu de jours après ; le mal sera devenu plus grand, on aura laissé échapper l'occasion de le guérir ; si on repousse sans motif grave les réclamations de la famille, on méconnaît ses droits les plus sacrés ; ce serait faire une œuvre anti-sociale, s'acheminer vers les doctrines dangereuses du socialisme d'Etat, que de séparer trop légèrement l'enfant de ses parents ; ce serait, comme le faisait si justement observer à la section de législation du Conseil d'Etat, à propos de la loi sur la déchéance paternelle, l'éminent rapporteur, M. Courcelle-Seneuil : « aller jusqu'à l'affaiblissement de l'esprit de famille dans une partie de la population. »

Les affections naturelles entretiennent encore un reste de chaleur dans le foyer domestique, si souvent refroidi ; il faut mettre tous ses soins à ne pas les éteindre ; l'Etat en recueillant leurs cendres ne les rallumera pas.

Aussi, la remise aux parents, après une remontrance, appuyée au besoin de quelques jours de détention préventive, sera souvent la plus sage et la plus humaine des solutions ; il faut que la famille soit bien mauvaise pour que les enfants n'y soient pas encore mieux que partout ailleurs.

Malheureusement, il arrive trop souvent qu'ils n'y trouvent que l'exemple du vice, les mauvais traitements, la haine, l'abandon ; ils sont bien, suivant la belle expression de l'illustre écrivain qui, chaque jour, fait à leur profit une grande œuvre dans son *Petit Journal*, « cet orphelin dont les parents sont vivants » (1).

La loi du 24 juillet 1889, due à l'initiative des hommes d'Etat qui ont le plus puissamment contribué depuis près d'un demi-siècle à imprimer à nos lois une tendance humanitaire, a énuméré les cas dans lesquels la déchéance de l'autorité paternelle est obligatoire ou facultative ; il est nécessaire que les magistrats se pénètrent bien de l'esprit de cette loi et que, sans dépasser de justes limites, ils sachent en tirer tous les services qu'elle peut rendre malgré la complication de ses procédures.

Ce n'est que dans les cas suivants que la déchéance a lieu de plein droit :

1° Une condamnation pour excitation à la débauche de l'enfant ; 2° une condamnation comme auteur ou

_______

(1) Articles de M. Jules Simon dans le *Temps*.

complice d'un crime commis sur la personne de l'enfant ; 3° deux condamnations comme auteur ou complice d'un délit commis par l'enfant ; 4° deux condamnations pour excitation à la débauche d'un mineur quelconque.

La déchéance est seulement facultative dans les cas suivants :

1° Condamnation aux travaux forcés ou à la réclusion ;

2° Deux condamnations pour séquestration, suppression, exposition, abandon d'enfants, vagabondage ;

3° Condamnation pour récidive du délit d'ivresse (loi du 21 janvier 1873) ;

4° Condamnation pour louage de l'enfant à des gens exerçant la profession d'acrobate ou de mendiant (loi du 7 décembre 1874) ; une condamnation pour excitation de mineurs à la débauche ;

5° Mauvaise éducation de l'enfant, manifestée par son envoi dans une maison de correction ;

6° Inconduite notoire ; ivrognerie habituelle et scandaleuse ; mauvais traitements compromettant la santé, la sécurité, la moralité de l'enfant.

C'est une latitude bien grande laissée à la magistrature qui en éprouve quelque effroi ; devra-t-elle, pour juger la conduite des parents, se placer au point de vue des principes éternels de la moralité ou se prêter à certaines conditions de vie qui s'en éloignent plus ou moins, et sont, parfois, plutôt les conséquences d'une mauvaise or-

ganisation sociale que d'un affaiblissement de
la conscience individuelle? Ainsi, dans certains
quartiers de Paris qui fournissent le plus gros
contingent à la criminalité infantile, les ménages
irréguliers sont très communs, les enfants, assurément, ont là de fort mauvais exemples, mais
alors il faudrait poursuivre contre une partie no-
table de la population l'expropriation en masse de
la puissance paternelle.

Il y a dans toutes ces matières une sage mesure
à observer; la loi de 1889 a donné une magni-
fique mission au juge d'instruction, il y manque-
rait assurément, aussi bien en portant une main
téméraire sur la puissance paternelle, que si,
négligeant de faire une enquête sur la famille, il
s'exposait à rendre des enfants à des parents se
trouvant dans l'un des cas d'indignité prévus par
la loi.

Lorsque la question de la remise de l'enfant
aux parents est résolue négativement, ou que
ceux-ci ne le réclament pas, et que, cependant, il
n'y a pas lieu à envoi en correction, le juge doit
lui chercher un placement convenable.

Or, pour faire vite, dans cette œuvre d'assistance bien plus que de justice, il a besoin d'être
aidé; sans lui les œuvres pèchent par la base,
sans elles, il est bien faible.

Les moyens de sauver un enfant coupable ou
délaissé sont d'une application beaucoup plus fa-
cile, selon que l'on se trouve encore dans la pé-

riode de l'instruction, qui se termine par l'ordonnance de non lieu ou de renvoi en police correctionnelle,ou qu'on est au contraire dans la période de l'audience et du jugement.

Le Tribunal est absolument renfermé dans ces trois alternatives : remettre l'enfant à ses parents par un acquittement sans réserve, l'envoyer en correction ou le condamner à la prison ; il n'a pas le droit de le confier à un tiers ; l'Etat seul peut recevoir de lui le pouvoir légal de détenir ou d'élever l'enfant jusqu'à sa majorité.

Le juge d'instruction, plus libre dans son action, peut, par des moyens officieux, en se concertant avec la famille, l'aider à trouver le placement qui convient à ses goûts, qui s'adapte le mieux aux besoins de l'enfant et à sa personnalité morale ; je ne veux pas dire assurément que le magistrat puisse faire de l'arbitraire, mais, par ses conseils, ses démarches, il lui est permis de seconder l'action des parents, de leur fournir le moyen de mettre dans le bon chemin l'enfant qui commence à s'égarer, tout en leur évitant la douleur, sinon l'humiliation de le livrer à l'Assistance publique ou à la colonie pénitentiaire.

Mais, en présence de cette œuvre de charité à accomplir, quel sera l'embarras du juge, surtout s'il est étranger à Paris et s'il aborde pour la première fois ce genre de service qui ne ressemble à aucun autre !

« Notre fils est un mauvais sujet, lui diront les

parents, nous n'en pouvons rien faire, il se sauve
toujours de l'école et ne veut rester dans aucune
place ; mais ce serait une honte pour la famille de
le laisser mettre en correction ou à l'hospice,
nous voudrions le placer ; » et les voilà fort décon-
certés et un peu ébranlés dans la confiance que la
justice doit leur inspirer, si le magistrat reste
muet et les laisse dans leur embarras : c'est à
cela qu'il faut aviser.

Les œuvres ne manquent pas. Dans ses belles
études sur la Charité à Paris, M. Maxime Ducamp
disait en 1883 :

Il existe à Paris 126 maisons charitables, où 10,180
enfants pauvres sont recueillis, reçoivent quelque
instruction et acquièrent les premières notions d'un
métier qui, plus tard, leur permettra de gagner leur
vie.

Je ne crois pas, si je consulte le Manuel des
Œuvres, édité par la librairie Poussielgue-
Rusand, le livre de M. Lecour sur la Charité à
Paris, et la notice de M. le pasteur Arboux sur
les Œuvres d'assistance pour les enfants, que,
malgré des évènements peu favorables au développement de la charité privée, le nombre de ces
maisons ait beaucoup diminué.

Mais les manuels et les indicateurs de la charité ne vous donnent que des adresses ; il faut que
le juge sache, pour éclairer les parents à leur
tour quelles sont les conditions d'admission, de
prix, exigées par l'établissement paraissant con-

venir à l'enfant ; si celui-ci y trouvera une éducation conforme à ses aptitudes et à sa situation, aux principes dans lesquels sa famille désire qu'il soit élevé. Il n'est pas rare heureusement de rencontrer des parents qui, malgré leur misère, aiment mieux refuser pour leur enfant une place offrant des avantages matériels que de l'exposer à recevoir une éducation contraire à leurs croyances. On doit dans ces cas délicats, qui touchent aux sentiments les plus intimes, s'inspirer du respect dû à la liberté de conscience ; et, s'il faut se garder, en tant que magistrat, d'exercer la moindre pression sur les parents, il convient aussi de leur éviter des surprises ; le bienfait touche d'autant plus qu'il n'impose à celui qui le reçoit aucune capitulation. Une femme très misérable, veuve, chargée d'enfants, me disait ces jours-ci, à propos de l'un d'eux qui s'était fait arrêter : « ça me soulagerait bien, si l'Assistance « publique voulait me prendre le petit, mais je « veux être sûre qu'on lui fera faire sa première « communion ». N'osant moi même lui en donner l'assurance, je l'engageai à poser la question au directeur de l'Assistance ou à un membre du Conseil municipal ; j'ignore la réponse qui lui fut faite ; mais elle reprit son enfant.

Le juge d'instruction est peu renseigné par la voie officielle sur les ressources dont il peut disposer ; le ministre de l'intérieur ne lui viendrait-il pas en aide en lui donnant au moins la liste des établissements publics et privés régulièrement autorisés à recueillir des mineurs dans les cas prévus par les articles 17 et 19 de la loi du 24 juillet 1889 ?

Pour faciliter la tâche du juge, on a fait distribuer dans les cabinets d'instruction une note contenant quelques indications générales sur les établissements publics et privés qui, depuis longtemps déjà en rapport avec le service du Petit Parquet, contribuent dans une très large mesure à sa bienfaisante action.

— L'Assistance publique de Paris en premier lieu ; depuis que, donnant un exemple que les départements devraient se hâter de suivre, elle a organisé en 1881, sous l'habile impulsion de M. Brueyre, le service des enfants moralement abandonnés. Elle accepte toujours les mineurs de moins de seize ans et même au-dessus de cet âge que la justice lui envoie hors des cas où il faut se résigner à appliquer le régime pénitentiaire ; c'est en grande partie grâce à son concours et à la charitable intervention de son avocat, M. de Chauveron, que depuis le mois de juin dernier, les placements se sont élevés dans nne proportion énorme en même temps que les envois en correction ont diminué.

— La Société générale de protection pour l'enfance abandonnée ou coupable, rue de Lille, 47, depuis longtemps fondée et dirigée par M. Georges Bonjean, juge suppléant au Tribunal de la Seine, et dans laquelle l'agriculture constitue d'une façon fort heureuse la base principale de l'enseignement donné aux pupilles.

— L'œuvre du patronage des prévenus acquittés de la Seine, rue de Lourcine, 136, soutenue tout particulièrement par la magistrature parisienne, et destinée à recevoir, sans condition d'âge, les individus absous (1).

— Le Patronage de la rue de Mézières, 9, auquel il est bon de signaler, dès l'instruction, les enfants paraissant susceptibles de bénéficier après leur condamnation de la liberté provisoire.

— Le Sauvetage de l'enfance, rue de Lille, 1, ou Union française pour la défense ou la tutelle des enfants maltraités ou en danger moral, dont le but est de rechercher, de signaler, à qui de droit, ou de surveiller les enfants se trouvant dans de telles conditions.

— L'OEuvre de la protection des engagés volontaires, rue de Milan, 11 bis, à laquelle les juges d'instruction peuvent adresser les jeunes gens qui paraissent pouvoir être sauvés par un engagement militaire.

— L'Asile de la rue Lecourbe, où les frères de Saint-Jean-de-Dieu, entretiennent 250 enfants avec le produit de leur maison de santé.

— L'Œuvre de l'abbé Roussel, à Auteuil, rue de la Fontaine, 40, où les enfants vagabonds de moins de douze ans et n'ayant pas fait leur première communion sont reçus gratuitement pendant trois mois.

---

(1) V. la notice de M. de Lalain-Chomel, juge suppléant au Tribunal de la Seine. — *Bulletin de la Société générale des prisons*, 18 déc. 1889.

— L'Ecole industrielle protestante, rue Clavel, 7 ; l'Asile israélite du Plessis-Piquet, où les enfants sont l'objet, de la part de leurs coréligionnaires, d'un patronage très personnel qui les suit après leur sortie de la maison et obtient des résultats d'autant plus remarquables qu'il s'exerce sur un plus petit nombre de sujets.

— Puis, pour les jeunes filles, l'Ouvroir de la rue de Vaugirard, 71, fondé en 1837 par Mme de Lamartine, dirigé par les sœurs de Marie-Joseph, qui font le service de Saint-Lazare et du Dépôt, mais auxquelles on a récemment retiré la surveillance des petites filles détenues à la Conciergerie (1); l'Asile de la rue de Reuilly, 95, tenu par les dames diaconesses des églises évangéliques de France; le Patronage de la rue de Nesles, 10, où, grâce au dévouement de Mme Fromentin, qui dirige en même temps l'asile de la place Dauphine, 14, les jeunes filles mises en liberté provisoire par le juge d'instruction, peuvent être recueillies; et enfin un asile récemment fondé par Mme Risler, rue des Grands-Augustins, 28, pour les jeunes filles ayant mené une vie débauchée.

Ces œuvres ne représentent qu'une très faible partie des ressources que la charité privée peut fournir. Aussi le Comité de défense des enfants poursuivis en justice a-t-il pensé que, pour faciliter l'action bienfaisante de la magistrature, pour assurer à l'enfant abandonné ou vicieux d'autres débouchés que la maison de correction et l'Assistance publique, où, malgré toute la sollicitude de

---

(1) *Revue Bleue*, 14 juin 1890 (*Statistique criminelle*).

l'Administration, ses intérêts moraux sont exposés à certains périls, il convenait de créer une sorte de bureau central qui serait, au Palais de Justice ou ailleurs, comme le quartier général de la protection de l'enfance ; il se chargerait de fournir des renseignements sur les différents modes de placement, et de faire dans l'intérêt de l'enfant des démarches, que ni le temps ni une certaine réserve à observer ne permettent au juge de faire aussi complètement qu'il le voudrait.

Que faut-il donc à ces sociétés pour étendre et affermir leur influence ? disait à la Société générale des prisons, un homme d'une haute compétence, M. Fernand Desportes : « non pas assurément une direction unique, mais un centre commun. (1) »

De son côté, l'exposé des motifs du projet de loi pour la protection des enfants abandonnés, tout en rendant hommage au zèle des œuvres, « qui la « plupart, sous l'impulsion et la direction des « congrégations religieuses, réalisent une somme « de bien que les critiques de détail les mieux « fondées ne sauraient méconnaître », exprimait le désir qu'il existât entre ces œuvres un lien donnant à leurs efforts plus d'harmonie et de cohésion.

D'ailleurs, la tentative qui se fait en ce moment afin de constituer au profit des enfants une sorte de fédération charitable, où chacun apporterait

______

(1) *Bulletin de la Société des prisons*, janvier 1886.

son indépendance et ses moyens personnels, n'est
que l'application à une œuvre restreinte, et sur
un terrain où le succès coûtera moins d'efforts, de
cette belle institution sociale due aux persévérants
efforts de M. Léon Léfébure, ancien député de la
Seine, l'Office central des œuvres de charité (1).
Au mois de septembre dernier des lettres ont été
adressées par les soins du Comité à un grand
nombre de maisons, pour les prier de vouloir
bien le renseigner sur le but de leur œuvre, sur
ses statuts, sur les conditions morales et maté-
rielles mises à l'admission des enfants.

En répondant pour la plupart à l'appel qui leur
a été adressé, ces œuvres ont montré qu'elles
comprenaient à merveille qu'il ne s'agissait en
aucune façon de gêner leur liberté et de les incor-
porer dans une sorte d'institution officielle où
leur action personnelle se trouverait entravée.
D'un autre côté, en faisant appel à la charité
privée, on ne méconnaît pas pour cela les services
que peuvent rendre les établissements d'Etat;
leur tâche sera déjà assez belle s'ils se bornent à
recevoir les sujets absolument vicieux, auxquels
ne peut convenir la liberté relative des maisons
particulières et s'ils parviennent, par un système
d'éducation vraiment moralisateur, à faire des
honnêtes gens et non pas ces récidivistes dont
l'entretien commence à paraître un peu coûteux à
la Commission du budget.

---

(1) *Le Devoir social*, L. Lefébure. 1890.

## IV

Le complément nécessaire de l'application aux enfants de la procédure d'instruction criminelle de droit commun, autrement dit de la grande instruction, c'est l'assistance d'un défenseur. A cet égard, il faut que l'enfant soit traité aussi favorablement que l'adulte ; il est injuste de le laisser en dehors des garanties ordinaires de la défense, dès l'instant qu'il y a des Tribunaux pour le condamner et des prisons pour l'enfermer. Il est même exposé, pour un égal délit, à de plus graves conséquences ; ainsi, pour un simple fait de vagabondage ou de mendicité, un homme ne pourra être condamné qu'à quelques jours de prison, tandis qu'un enfant de dix ans se verra, sous prétexte de correction, placé jusqu'à sa majorité sous le régime pénitentiaire.

En fait, à Paris du moins, tout inculpé adulte a un avocat ; on n'attend même pas qu'il en désire, on le lui offre ; le juge d'instruction, dès le premier interrogatoire, met à sa disposition une formule imprimée, soit pour demander au Bâtonnier de lui commettre un avocat d'office,

---

(1) V. la *Gazette des Tribunaux* du 31 août 1890.

soit pour prévenir celui qu'il aura choisi de lui-
même. Cette mesure libérale est déjà consacrée
par un usage constant; bientôt sans doute elle
sera inscrite dans la loi elle-même. Si la Chambre adopte le projet de réforme de procédure criminelle déjà voté par le Sénat, le premier acte du
juge d'instruction sera de désigner un défenseur
au prévenu. Ce que l'on trouve bon pour tout in-
dividu sous le coup d'une accusation, fût-il le
moins digne d'intérêt, ne saurait être trouvé su-
perflu quand il s'agit d'un enfant.

C'est, d'ailleurs, dans le Barreau, que se sont
rencontrés bien souvent et que se rencontrent
tous les jours les hommes de cœur, dont le dévoû-
ment s'est manifesté sous tant de formes en faveur des enfants, soit par l'appui qu'ils leur ont
prêté à l'audience, soit par les œuvres qu'ils ont
fondées et qu'ils soutiennent courageusement. Je
n'ai pas à rechercher — car il ne saurait y avoir de
rivalité quand il s'agit de faire le bien — de quel
côté sont venus les plus anciens et les plus grands
efforts en faveur de l'enfance abandonnée ou
coupable ; mais, à coup sûr, parmi ceux qui
ont été les premiers à s'intéresser à cette noble
cause, beaucoup aujourd'hui portent des cheveux
blancs, et, certes, parmi les souvenirs de leurs
belles années du stage, si vite envolées, il n'en
est pas qui leur soit plus doux que celui des
visites faites dans les cellules de la petite Roquette, et des heures passées le dimanche au

Patronage de la rue de Mézières, au milieu de ces enfants auxquels on apprenait, en leur témoignant beaucoup d'affection, à devenir dignes de la liberté.

M. le bâtonnier Cresson s'est heureusement inspiré des traditions du passé, en même temps qu'il a donné une nouvelle impulsion aux efforts du présent, en s'associant aux intentions de la magistrature, et en assurant à chaque enfant, dès le moment de son arrestation, un défenseur d'office ; le moyen de procéder sans retard à cette désignation est bien simple ; le bâtonnier reçoit immédiatement du juge un permis de communiquer avec le jeune détenu, et il n'a plus qu'à le faire parvenir à celui qu'il lui convient de nommer.

En pareille matière, l'assistance de l'avocat, son intervention dans tous les actes de l'instruction, ne peut produire que d'excellents résultats et fournir au juge un très utile secours.

On peut, sans être un esprit rétrograde et sans entendre d'une façon étroite les intérêts de la défense sociale, concevoir quelque appréhension au sujet de la réforme qui se propose de faire assister l'avocat aux interrogatoires et aux dépositions des témoins ; mais, quand il s'agit, non plus de déjouer les ruses d'un malfaiteur habile, mais de protéger un enfant, il ne peut y avoir qu'avantage à augmenter le nombre de ses protecteurs.

Or, ici, l'avocat doit être le protecteur, le patron, dans la noble acception du mot ; son rôle n'est plus le même que dans une affaire ordinaire ; il se transforme, je dirais volontiers il s'élève au-dessus des intérêts particuliers, des passions que les luttes judiciaires peuvent mettre en jeu. L'intérêt moral de ce pauvre petit paria, prêt à serrer la première main amie qui se tend vers lui, est le terrain sur lequel le magistrat et le défenseur doivent se rencontrer et se mettre d'accord.

Je ne veux pas dire que l'avocat, lorsqu'il est convaincu de l'innocence d'un enfant, puisse se dispenser de la démontrer et laisser condamner son client, sous le prétexte de lui assurer les bienfaits de l'éducation correctionnelle ; lorsqu'il ne croit pas à l'existence du fait matériel reproché à l'enfant, ou lorsqu'il estime que ce fait ne constitue pas un délit, son devoir est nettement indiqué : il doit, sans la moindre hésitation, sans se préoccuper des conséquences, mettre tous ses soins à obtenir une ordonnance de non lieu ou un jugement d'acquittement.

Cette obligation, d'ailleurs, ne s'impose que bien rarement, les faits étant presque toujours hors de toute constestation sérieuse ; mais, lorsque l'avocat n'aura lui-même aucun doute sur la réalité du fait, le service qu'il devra rendre à l'enfant ne sera pas de le restituer à sa vie mauvaise, à la misère, à l'abandon, mais d'obtenir, de faciliter la mesure qui semblera la plus favorable à son éducation.

Le défenseur qui, envisageant autrement sa mission, se croirait obligé de soutenir les préten-

tions égoistes ou aveugles des parents les plus indignes, de contrecarrer les démarches faites pour
arriver à un placement, de demander toujours
l'acquittemenl pur et simple, perdrait bien vite
tout crédit sur le Tribunal, et son intervention
loin d'être profitable aux intérêts de l'enfant, qui
se confondent avec l'interêt social, deviendrait une
cause de désordre dans l'administration de la justice, en même temps qu'elle paralyserait l'action
des œuvres de sauvetage.

Toutes les fois que l'enfant a commis le délit qui
lui est reproché, le défenseur, uni au juge dans
l'œuvre commune de préservation qu'il s'agit d'accomplir, doit se rallier à la solution que son expérience et sa raison lui indiquent comme offrant le
plus de chances de régénérer son client ; si l'envoi
en correction lui paraît nécessaire, il prendrait une
grande responsabilité en parvenant à l'éviter ; si
un placement, même dans des conditions rigou-
reuses, lui semble avantageux, il devra mettre
tous ses soins à en faire comprendre la nécessité à l'enfant, à convaincre les parents eux-mêmes, à dissiper leurs préjugés.

Pour se faire une opinion dans ces différentes
questions, l'avocat s'éclairera, non seulement en
consultant les pièces du dossier et en conférant
avec le juge, mais il fera sa propre enquête ; il se
mettra en rapport avec les parents et, sans trop
s'effrayer de la distance qui sépare la Petite-Roquette du Palais de Justice, il ira souvent visiter

le petit prisonnier, s'entretenir avec lui, lui porter des conseils, des encouragements, et lui montrer qu'il y a, dans ce monde qu'il a souvent entendu maudire, quelqu'un qui s'intéresse à son sort.

Pendant la durée de l'instruction, l'entente qui se sera établie entre le juge et l'avocat, aplanira bien des obstacles, facilitera les démarches à faire; et, si on ajoute aux éléments de succès résultant de cette action simultanée, l'appui du Comité de défense et du bureau central des Œuvres, on peut, sans se faire d'illusions, espérer que bien des enfants pourront être arrachés à des parents indignes et sauvés sans avoir subi la flétrissure de la maison correctionnelle.

Le juge d'instruction devant se faire une règle absolue de ne faire passer en jugement que les enfants qu'il est impossible de remettre à leurs parents ou de placer officieusement, l'unique débat portera le plus souvent sur la question de discernement et sur le choix à faire, en cas de non discernement, entre une correction de courte ou de longue durée.

Quel peut être, dans ce débat, le langage du défenseur, pénétré des véritables intérêts de son protégé?

Il doit se montrer d'abord et, en toute circonstance, sans la moindre exception, l'adversaire acharné de la peine de l'emprisonnement; c'est déjà beaucoup que, pour les mineurs de seize à vingt et un ans, la loi, pour les améliorer, n'ait encore rien trouvé de mieux que la prison où ils achèvent en général de se corrompre ; mais, puisque la loi n'a pas été heureusement jusqu'à rendre ce genre de peine obligatoire pour les coupables de moins de seize ans, il faut leur en épargner les immenses périls.

Comme le Tribunal ne peut condamner l'enfant à la prison qu'en décidant qu'il a agi avec discernement, la tâche qui s'impose tout d'abord au défenseur est donc de prouver qu'il n'y a pas eu de discernement.

Il y parviendra facilement, le courant des idées commençant à se dessiner très nettement dans ce sens, à ce point que d'excellents esprits estiment que la loi elle-même devrait établir une présomption de non discernement en faveur des enfants d'un certain âge.

Sans doute, celui qui vole les pommes du voisin sait très bien que, s'il s'exposait à être vu, il serait arrêté par le gendarme, mais ce n'est là qu'un discernement fort imparfait et qui n'implique en aucune façon une entière liberté de vouloir ; c'est une notion vague, matérielle et instinctive d'un sentiment moral que l'éducation seule pourra perfectionner. Est-ce que l'enfant, surtout si sa naissance l'a placé dans un mauvais milieu où il ne peut pas plus apercevoir la vérité qu'on ne voit le soleil caché par le brouillard des bas fonds, possède autant de force que l'homme fait pour s'affranchir de la servitude des inclinations mauvaises ? Est-ce que son esprit, dégagédes ténèbres qui l'entourent, est capable d'apprécier les motifs dont il sent l'influence peser sur lui ? Il ne dépend pas encore suffisamment de lui-même pour qu'il y ait dans ses actes un discernement assez formé, d'où l'on puisse faire justement découler sa responsabilité pénale.

L'attention de la magistrature a été bien souvent appelée sur les inconvénients de ces condamnations à des peines de quelques jours de prison contre des mineurs de seize ans ; elle est en grande partie convaincue aujourd'hui que rien n'est plus funeste à l'avenir d'un enfant. Tous les hommes compétents, le Conseil supérieur, la Société générale des prisons se sont énergiquement prononcés contre ce système désastreux, auquel il faut faire remonter peut-être la principale cause de la récidive ; mais il y a encore des récalcitrants, il faut les convertir.

Un des honorables vice-présidents du Tribunal de la Seine (1), qui a fait sur cette question, à la Société générale des prisons, une intéressante communication où il constatait qu'à Paris même, sur une moyenne de quatre enfants jugés, il en est au moins un que le Tribunal traite comme un adulte, s'est appliqué avec succès, à la onzième chambre de police correctionnelle, à faire préva-

_______________

(1) M. Flandin, *Bulletin de la Société générale des Prisons, 1888.*

loir une jurisprudence contraire. Puisse-t-il
trouver beaucoup d'imitateurs !

Les avocats rendront un grand service s'ils contribuent à propager cette sage pratique, et à faire
comprendre aux Tribunaux devant lesquels ils
plaident, que la meilleure manière de faire des
malfaiteurs, c'est d'envoyer les enfants en prison.
Il n'en est pas tout à fait de même de l'envoi en
correction ; en théorie, ce n'est pas une peine,
c'est une tutelle administrative, l'enfant n'est pas
un détenu, il est un pupille ; je ne sais s'il en est
convaincu, et s'il lui suffit qu'on substitue des
expressions adoucies au langage du Code pénal ;
il est remis à l'Etat qui en fait ce qu'il veut, l'élève
tantôt d'une façon, tantôt d'une autre, selon que
le vent est à tels ou tels principes, le met en liberté provisoire à la garde de qui lui convient,
ou le conserve indéfiniment dans ses pénitenciers
ou dans ses colonies, sans que le pouvoir judiciaire ait à s'en mêler.

On ne peut contester la nécessité d'avoir des
maisons où il soit possible de retenir légalement
les enfants qu'aucune discipline ne peut dompter,
ou dont la liberté serait une menace pour la sécurité publique. Bien que dans certains cas la loi
du 24 juillet 1889 donne aux Tribunaux le droit de
conférer aux personnes ayant recueilli l'enfant,
l'exercice des droits de garde et de correction
appartenant aux parents, les établissements de
bienfaisance ne sont pas suffisamment armés;

ainsi, un enfant est exposé à être condamné pour le moindre délit de vagabondage, mais il peut impunément se mal conduire dans la maison qui l'aura recueilli, y porter le trouble, s'en évader : telle est la loi.

Des enfants abusent chaque jour de cette situation. Pendant que j'écris ces lignes, je reçois une lettre du directeur d'une excellente école industrielle m'informant qu'un enfant, auquel on avait pu procurer une bourse et qui était placé chez un excellent patron, vient de s'évader sans autre motif que l'amour du vagabondage. L'Assistance publique elle-même n'a pas de sanction ; quand un de ses pupilles se montre trop insoumis, elle n'a d'autre ressource que de le faire déposer à la porte du commissaire de police. A son école d'horticulture de Villepreux, où l'on voudrait que les enfants ressemblassent aux fleurs qu'ils font pousser, les évasions sont continuelles. A qui faut-il faire le procès ? aux établissements privés ou à la loi qui ne se soucie pas de les protéger assez ?

On ne peut donc méconnaître que, dans l'état actuel de notre imparfaite législation, toute pleine encore de défiance à l'égard de la bienfaisance privée, les maisons pénitentiaires ne soient, dans certaines circonstances, le seul moyen de dominer des natures trop vicieuses, et qu'elles n'offrent cet avantage de tenir suspendue sur la tête de l'enfant, mis en liberté provisoire et confié à un patron, la menace d'une réintégration.

Ce remède parfois nécessaire soulèverait peut-être moins de répugnance et perdrait ce caractère de flétrissure qu'il a justement aux yeux du peuple, s'il était administré d'une autre façon, s'il n'avait rien de pénitentiaire, s'il était appliqué comme une véritable mesure de tutelle par les Chambres du Conseil, par la juridiction civile, ainsi qu'on le pratique quand il s'agit de la correction paternelle ou de la déchéance de l'autorité paternelle, et non dans ces tristes audiences, où on voit arriver les enfants sous l'escorte des gendarmes, où rien, si ce n'est leur âge, ne les distingue des autres malfaiteurs, où ils apprennent à poser devant le public et à ne plus rougir.

Je ne conteste pas le mérite, la bonne organisation, l'utilité des colonies pénitentiaires dans certains cas; mais je déplore que la police correctionnelle en soit le portique.

Aussi, pour tous ces enfants indisciplinés, errants, aimant les aventures, ne redoutant ni les dangers, ni les privations, impropres à la vie sédentaire, également aptes à devenir des héros ou des malfaiteurs, au lieu de la maison de correction qui leur prend leur virilité et les dégrade à leurs propres yeux, j'aimerais mieux, pour eux et pour le pays, des établissements, où, sous un nom éveillant dans leur cœur ces patriotiques ambitions, auxquelles ils sont en général particulièrement sensibles, ils seraient élevés militairement, soumis à un entraînement progressif,

à un apprentissage spécial, en vue de fournir des
éléments bien préparés aux armées d'avant-
garde de nos frontières des colonies.

Les plaidoiries des avocats seraient trop longues, comme ces lignes, si toutes ces considérations, tous ces regrets et tous ces vœux devaient y
trouver place; se bornant à un objet plus direct,
les défenseurs ont simplement à se demander,
toutes les fois que l'envoi en correction s'impose comme une pénible nécessité, s'il convient
qu'il soit de courte ou de longue durée.

Sur ce point encore, il faut réagir contre une
pitié mal entendue; quelques-uns croient être
humains et compatissants en réduisant à quelques mois le temps de la correction, ils ne sont
qu'imprévoyants. Il faut être logique; si on consi-
dère que le régime de la correction est parfois sa-
lutaire, il convient de lui donner une assez longue
durée pour lui laisser le temps de transformer
l'enfant; ce serait vraiment exiger de l'Administration, toute habile qu'elle puisse être, un véritable miracle que de lui confier un mauvais sujet
pour quelques mois seulement et d'espérer que
tout de suite elle rendra un sujet honnête et labo-
rieux. Qu'arrive-t-il dans ce cas? il est bon que
les Tribunaux y songent: l'enfant reste en prison,
on ne veut pas faire les frais de l'envoyer dans
une colonie, on n'a pas le temps de juger s'il est
digne de la liberté provisoire, de façon que la pré-

tendue correction équivaut en réalité à une véritable peine d'emprisonnement.

Dans toutes ces questions, l'avocat doit, en résumé, se diriger suivant les intérêts moraux de l'enfant, ne jamais prêter l'appui de son talent à des thèses qui les compromettraient. La meilleure manière de témoigner sa compassion à son jeune client sera d'aider à le mettre dans la situation la plus favorable à son relèvement, puis de ne pas le perdre de vue, de continuer le plus possible à exercer sur lui un patronage réel et durable.

La tâche est si belle, son succès est si désirable que je ne m'étonne pas que les membres du Conseil de l'Ordre aient voulu la réserver à l'élite du jeune barreau. Il trouvera ainsi la meilleure préparation à ses destinées judiciaires ou politiques dans l'étude de toutes les questions d'ordre philosophique et social qui s'agitent autour de l'enfant du peuple.

## V

Je ne crois pas que personne songe à contester sérieusement en principe l'utilité de faire précéder les décisions judiciaires, concernant les enfants, d'enquêtes très approfondies et accompagnées de toutes les garanties de défense que la loi assure aux prévenus ordinaires; mais j'ai entendu opposer une sorte de fin de non-recevoir tirée d'arguments de procédure. On se serait aperçu tout à coup que, jusqu'à ce jour, en poursuivant les enfants pour le délit qui leur est le plus habituel, le vagabondage, et en prolongeant leur détention, on commettait une véritable illégalité; plusieurs générations de magistrats et de philanthropes auraient ainsi sur la conscience d'inconscientes, mais fort graves illégalités.

J'ai dit en commençant que le Comité de défense s'était préoccupé de ces objections, et, sans se prononcer sur leur valeur, n'en n'avait pas moins cru devoir les signaler au législateur.

Je ne crois pas, en effet, qu'il y ait lieu de les dissimuler, tout au contraire; même pour arriver au meilleur des résultats, il ne faut pas recourir à l'arbitraire, et ceux qui estiment que la loi ne

leur donne pas le droit de faire ce qu'ils ont fait
jusqu'à présent, en pleine tranquillité d'esprit,
ne doivent plus le faire, alors même qu'il en ré-
sulterait les conséquences les plus fâcheuses :
ce serait au législateur à aviser au plus vite.

La première objection est celle-ci : Tous les
jours on arrête, on envoie en correction des enfants pour vagabondage ; au point de vue social
c'est parfait, on prévient ainsi bien des crimes ;
M. Maxime Ducamp l'a dit avec raison : « De
« même que tout soldat a dans sa giberne un bâ-
« ton de maréchal, de même tout enfant errant
« porte le bonnet vert dans son bagage. »

Mais, juridiquement, le vagabondage de l'enfant, qui, autrefois, était un délit, a cessé de
l'être, le législateur ayant, sans y penser, sup-
primé la peine qui imprimait à ce fait le caractère
délictueux.

L'article 271 du Code pénal, modifié par la loi
du 28 avril 1832, était ainsi conçu :

Les vagabonds âgés de moins de seize ans ne pourront être condamnés à la peine de l'emprisonnement ;
mais, sur la preuve des faits de vagabondage, ils seront renvoyés sous la surveillance de la haute police
jusqu'à l'âge de vingt ans accomplis, à moins
qu'avant cet âge ils n'aient contracté un engagement
militaire.

La peine, sans laquelle un fait n'a pas le caractère d'un délit, était donc, pour les enfants, la

surveillance de la haute police ; elle n'était jamais appliquée, mais, comme elle suffisait à rendre le fait délictueux, les Tribunaux pouvaient être régulièrement saisis ; ils acquittaient l'enfant, comme ayant agi sans discernement, et prononçaient son envoi en correction, par application des dispositions générales du Code pénal (article 66). On s'était bien demandé, malgré les termes précis de l'article 271 s'il était possible que des enfants, n'étant pas orphelins, se trouvassent jamais en état de vagabondage, puisque le mineur a un domicile légal chez ses parents et que ses moyens de subsistance lui sont légalement assurés par l'obligation de le nourrir, de l'entretenir et de l'élever, imposée à ses père et mère ; c'était trop s'attacher à la lettre. En fait, il y a un nombre considérable d'enfants pour lesquels le foyer domestique n'existe pas ; abandonnés par leurs parents ou échappant à leur autorité, ils mènent une vie errante, pleine de dangers pour eux et pour les autres ; la loi et la jurisprudence ont donc été sages en proclamant que le vagabondage des enfants doit être réprimé, et en laissant à la conscience du juge la constatation des faits qui le constituent. Les Tribunaux, suivant les circonstances, faisaient dépendre le délit d'un temps plus ou moins long, de vie oisive et errante, mais il ne venait à l'esprit d'aucun que le vagabondage, dûment constaté, ne fût pas puni par la loi pénale.

Or, il est arrivé que la loi du 25 mai 1885, **sur les récidivistes,** est venue abolir la surveillance de la haute police ; c'est sur cette loi que s'appuient ceux qui prétendent que le vagabondage des enfants a cessé d'être punissable ; on n'a pensé qu'aux adultes, disent-ils ; on a oublié qu'il existait dans un coin du Code pénal, un article qui faisait de cette surveillance l'unique répression du vagabondage des mineurs de seize ans ; la peine disparaissant, le délit disparaît avec elle.

Cette argumentation ne me paraît pas fondée ; la peine n'a pas disparu complètement, la loi de 1885 a pris soin de la remplacer par une pénalité du même genre, l'interdiction de séjour dans certains lieux déterminés. Je veux bien que cette mesure de police ne convienne pas mieux à l'enfant que le renvoi sous la surveillance ; elle n'en constitue pas moins une pénalité qui laisse au vagabondage son caractère délictueux. Il est bien évident que les Tribunaux aimeront mieux acquitter et envoyer en correction que de prescrire une mesure si peu en rapport avec la situation de l'enfant ; mais ils n'en seront pas moins régulièrement saisis.

D'ailleurs, si on interroge l'esprit de la loi de 1885, on voit qu'elle entend considérer l'envoi en correction comme l'équivalent de l'interdiction de séjour pour les mineurs ; en effet, après avoir remplacé, à l'égard des vieillards, la relégation par l'interdiction de séjour, elle ajoute que les mineurs, non relégables à cause de leur âge, seront, à l'expiration de leur peine, non point soumis à l'interdiction de séjour, mais retenus jusqu'à leur majorité dans une maison de correction, ce qui, entre parenthèse, ne me semble pas de nature à relever beaucoup le niveau moral de ces établissements.

La correcton est donc restée, aussi bien sous le régime de la surveillance de la haute police que sous celui de l'interdiction de séjour, une arme dont les Tribunaux peuvent encore se servir pour essayer de dompter, à défaut de meilleur moyen, les vagabonds absolument rebelles.

La seconde objection faite plus spécialement au système de la Grande Instruction est celle-ci : vous prolongez arbitrairement la détention préventive de l'enfant. Il y a quinze ans déjà, M. le Procureur de la République Sallantin, dont l'administration a laissé de si précieux souvenirs au Tribunal de la Seine, désirant soustraire les enfants à tous les dangers du Dépôt, s'était entendu avec les juges d'instruction pour les envoyer sous mandat de dépôt à la Petite-Roquette, et tout le monde avait applaudi à cette mesure dictée par des sentiments d'humanité.

J'entends dire aujourd'hui que la légalité s'oppose à ce que l'enfant, dans la plupart des cas, reste plus de cinq jours en prévention ; s'il en était ainsi, les instructions telles qu'elles paraissent être exigées par son intérêt ne seraient plus possibles ; il faudrait assurément un texte de loi bien précis pour sacrifier à ses dispositions impératives l'avenir même de celui qu'on veut protéger.

La mise en liberté est de droit en matière correctionnelle, cinq jours après le premier interrogatoire, en faveur de l'inculpé domicilié, quand le maximum de la peine prononcée est inférieur à deux années de prison.

Or, dit-on, plusieurs des délits qui amènent l'arrestation des enfants, notamment la mendicité, sont punis d'une peine inférieure à deux ans ; et, plus haut, je rappelais que l'emprisonnement n'est même pas applicable à leur vagabondage, d'où l'obligation pour le juge de mettre l'enfant dans la rue au bout de cinq jours, qu'il soit ou non placé. Il n'y aurait d'exception que dans le cas où ses parents seraient inconnus, car alors on pourrait le considérer comme n'étant pas domicilié.

Dans ce système on ne voit que l'un des côtés de la pénalité, l'emprisonnement, on oublie l'envoi en correction ; si l'enfant ne peut être condamné à plus de deux ans de prison, il peut être envoyé en correction pendant de longues années ; ce n'est pas une peine, dit-on, c'est une mesure de protection ; je le veux bien mais cette mesure de protection est appliquée non par l'Assistance publique, mais par le service des prisons et surtout elle entraîne une privation de la liberté. Or, s'il est vrai que l'intention du législateur ait été de proportionner la durée de la prévention à la durée de la peine, d'assigner au pouvoir du juge des limites proportionnées à la gravité du délit et à l'intérêt social, ne faut-il pas mettre sur la même ligne la loi qui atteint un homme dans sa liberté en le condamnant à plus de deux ans de prison, et la loi qui permet d'infliger à l'enfant, sous le nom de correction, une privation autrement longue de sa liberté ?

Je ne crois pas, pour ma part, que les deux objections que je viens de signaler soient de nature à mettre obstacle aux efforts tentés en ce moment pour assurer aux enfants une procédure d'instruction garantissant mieux leurs interêts.

Il faut les continuer sans s'étonner des difficultés ; dans ce champ si vaste, où se sont accumulés les efforts de plusieurs générations, où l'on marche souvent dans des sillons déjà tracés, où l'on peut se guider en s'appuyant sur l'expérience du passé, où certaines vérités sont devenues des lieux communs, le succès ne s'obtient pas en un jour et ne peut être que le prix d'une laborieuse persévérance. Tout le bien qui a été fait depuis le jour où M. Delessert arracha les enfants à la promiscuité des prisons d'adultes est immense ; il n'est rien à côté de celui qui reste à faire ; c'est dans ces luttes éternelles contre les misères de l'humanité qu'il faut toujours se dire ;

*Nil reputam actum, si quid superesset agendum.*

Malgré les incessants efforts de l'éminent directeur de l'administration pénitentiaire, les maisons
de correction sont et resteront, sans doute, des
établissements par lesquels l'enfant, à supposer
qu'il ne s'y soit pas perdu, rougira toujours d'avoir
passé. Les établissements privés, de leur côté, sont
souvent impuissants et ont à lutter contre les
préventions qui s'attachent encore dans notre
pays, peu habitué à la pratique de la vraie liberté,
à tout ce qui ne porte pas l'estampille officielle.

Rien de tout cela ne peut remplacer une bonne
éducation donnée par la famille ; la loi du 24 juillet 1889 en s'attaquant au mauvais usage de la
puissance paternelle, qui, bien qu'elle vienne
d'une source supérieure au droit humain, n'en n'a
pas moins besoin d'être protégée contre ses propres excès, a touché la question capitale.

Il faut d'abord considérer la famille comme le
type le plus naturel et le plus parfait en matière
d'éducation ; en principe, c'est le meilleur instrument, il ne devient mauvais que quand il est
faussé par quelque cause accidentelle.

Il faut donc, dans les œuvres consacrées à l'enfance, se rapprocher de ce type le plus possible ;
il faut préférer les petits groupements, les établissements à effectifs restreints à ces grandes
agglomérations, qui peuvent, à première vue, par
leur belle ordonnance, séduire l'œil du visiteur,
mais qui, au fond, renferment d'inévitables
germes de corruption. Je trouve, dans un rapport

fait en 1385, par M. Curé, au Conseil général de la Seine, cette très juste observation :

Les placements par groupes ou isolés constituent notre système de prédilection, parce que l'enfant y vit de la vie de famille ; s'il est placé chez un ouvrier ou un petit patron, il s'y crée des relations familiales et un centre d'affection.

Lorsque la famille n'est pas véritablement indigne, et que son défaut de surveillance vient bien moins de sa négligence que des conditions dans lesquelles le sort l'a placée, on doit, avant tout, s'efforcer de modifier ces conditions et de remettre les choses dans un état plus normal.

Est-ce la faute des parents si leurs ressources sont insuffisantes? est-ce à eux qu'il faut reprocher l'obligation où ils se trouvent de quitter la maison dès les premières heures du jour pour n'y rentrer que le soir? faut-il tout de suite leur prendre leur enfant parce qu'ils n'auront eu ni le temps ni la force d'exercer sur lui une surveillance active? Cherchons plutôt à leur en fournir les moyens. Je ne connais pas d'œuvres plus belles, plus dignes de la reconnaissance du peuple, si on ne se plaisait souvent à lui enseigner l'ingratitude, que ces crèches, ces asiles, ces patronages du dimanche où les enfants sont surveillés et entourés de soins tendres, affectueux, vraiment maternels, pendant qu'à l'atelier les parents gagnent le pain de la journée.

Les juges d'instruction peuvent, à ce point de vue, trouver de grandes ressources auprès des Œuvres privées et de l'Assistance publique. Celle-ci cherche autant que possible, s'inspirant en cela, au moins, des meilleures traditions de la charité, à ne pas rompre le lien familial ; toutes les fois que le vagabondage et l'abandon de l'enfant n'ont pour cause que l'indigence des parents, elle facilite le maintien de l'enfant dans sa vraie famille, en venant au secours des parents, en les aidant, par des sommes versées mensuellement, à suppporter les charges trop lourdes de leur ménage, et je me demande, en effleurant, aujourd'hui, toutes ces questions, si pour beaucoup de ces enfants indisciplinés, il ne serait pas possible de créer des externats surveillés, en combinant une sorte d'éducation correctionnelle avec la vie de famille.

La meilleure manière de sauver l'enfance, c'est encore de reconstituer le foyer domestique ; de le replacer sous l'égide de principes trop souvent méconnus ; de donner aux parents, en éveillant chez eux le sentiment de la responsabilité, les moyens de remplir leur devoir, au lieu de leur montrer à chaque instant, et partout, l'Etat prêt à prendre leur place, à les affranchir de leurs obligations et à les garantir, comme s'ils étaient des incapables, contre les conséquences de leur imprévoyance et de la mauvaise organisation de leur vie.

C'est à ce point de vue, à mon humble avis, que doivent se placer tous ceux qui se proposent de secourir efficacement l'enfance abandonnée ou coupable ; ici la question pénitentiaire s'efface devant la grandeur de la question sociale elle-même.

25 octobre 1890.

---

Paris. — Imprimerie Alcan-Lévy, 24, rue Chauchat.